43
티토노스 왕자를 사랑한 에오스

주니어RHK

신화의 가치

신화는 한 민족의 기원이나 역사적 · 종교적 · 문화적 삶의 모습을 보여 주는 옛이야기입니다. 주로 신과 영웅에 관한 이야기가 많고, 오랫동안 입에서 입으로 전해 내려왔다는 특징이 있지요.

우리가 살펴볼 그리스 로마 신화는 고대 그리스와 로마에 전해 오는 신화와 전설을 한데 묶은 것입니다. 그리스 로마 신화는 고대의 삶을 엿보게 해 주는 문화유산일 뿐만 아니라, 세계 여러 나라의 문학과 미술에 큰 영향을 끼쳤습니다. 하지만 문화적 가치만큼이나 중요한 것이 또 있습니다. 오래된 옛이야기이면서도 거기에 담긴 교훈적 가치가 오늘날에도 여전히 쓸모 있고 중요하다는 사실입니다.

놀랍지 않나요? 수천 년 전의 이야기가 어떻게 과학 문명이 고도로 발달한 오늘날에도 통하는 것일까요? 그것은 바로 그리스 로마 신화에 나오는 신과 영웅의 모습이 오늘날 우리의 모습과 다르지 않기 때문입니다. 신들도 우리처럼 분노하고, 질투하고, 실수를 하지요. 그런 모습을 보면서 우리는 깔깔 웃거나 눈물을 흘리고, 교훈과 감동을 얻습니다. 우리가 그리스 로마 신화를 읽어야 하는 까닭이 바로 이것입니다.

신화의 세계로 떠날 여러분에게 한마디 덧붙이자면, 신화는 우리에게 끝없는 상상력을 요구한다는 점입니다. 신화 속에는 수많은 은유와 상징이 곳곳에 널려 있지요. 따라서 신화를 읽을 때에는 상상력을 최대한 발휘하여 신화 속에 숨겨진 의미를 찾고, 그것을 자기 나름대로 재해석하는 과정이 필요합니다. 이렇게 읽었을 때에야 비로소 여러분 앞에 놀라운 삶의 이야기가 펼쳐질 것입니다.

자, 그럼 흥미진진한 신화의 세계 속으로 함께 떠나 볼까요?

새벽을 여는 신 에오스.

그녀가 인간 남자와 사랑에 빠집니다.

영원히 죽지 않는 여신과 언젠가는 죽을 수밖에 없는 인간은

얼마나 사랑할 수 있을까요?

그래서 에오스는 다른 신들에게 부탁합니다.

사랑하는 남자가 죽지 않게 만들어 달라고요.

그들은 앞으로 어떻게 될까요?

주요 등장인물

아레스

제우스와 헤라의 외아들로
전쟁의 신이에요.
성격이 난폭하고 싸움을 좋아해요.

아르테미스

제우스와 레토의 딸로
아폴론과는 쌍둥이예요.
사냥과 활쏘기의 여신이에요.

헬리오스

태양의 신이자 에오스의 오빠예요.
날마다 동쪽에서 서쪽으로 태양 마차를 몰아
낮을 밝혀 주는 일을 해요.

에오스

티탄 신족인 히페리온과
테이아의 딸로, 새벽의 여신이에요.
아침이 오기 전, 밤의 장막을
거두는 일을 해요.

티토노스

트로이의 왕자로
에오스와 사랑을 나누어요.
에오스가 제우스에게 청해
영원히 죽지 않는 인간이
되어요.

1
새벽의 여신, 에오스

어둠이 서서히 물러가면,

깊은 잠에 빠졌던 짐승들이 뒤척이기 시작합니다.

나무와 풀도 기지개를 켭니다.

이렇게 날마다 에오스와 함께 새날이 시작되었습니다.

"어서 가자!"

깜깜한 어둠 속에서 새벽의 여신 에오스가 마차에 올랐습니다. 에오스의 일은 날마다 일찍 일어나 새벽을 여는 것이었습니다. 에오스가 아름다운 장밋빛 손가락을 들어 어둠을 걷어내기 시작하면, 어둠이 서서히 물러나고 희끄무레한 빛이 세상에 번집니다. 짙기만 하던 먹빛에서 푸른빛이 감도는 먹빛으로, 거기서 더 엷은 빛깔로 점점 환해집니다. 에오스는 어떤 날은 주황빛으로 하늘을 물들이고, 어떤 날은 진홍빛이나 보랏빛으로, 또 어떤 날은 연분홍빛으로 하늘을 물들이며 새벽을 열었습니다.

아침을 여는 신들

〈아폴론과 에오스〉 제라르 드 래레스

에오스와 헬리오스가 힘을 합쳐 세상에 새로운 아침을 선물하는 모습이에요. 밝은 빛의 화려한 망토를 두른 두 신이 등장하자 어둠이 한쪽으로 사라지고 있어요. 이들은 매일 새벽마다 하늘을 돌며 밤을 몰아낸답니다. 그림에서처럼 태양의 신 헬리오스가 종종 아폴론으로 그려지기도 하지요.

이렇게 어둠이 서서히 물러가면, 깊은 잠에 빠졌던 짐승들이 뒤척이기 시작했습니다. 새들이 깨어나 가지 사이를 날며 지저귀고 나무와 풀도 기지개를 켭니다. 이렇게 날마다 에오스와 함께 새날이 시작되었습니다.

에오스가 새벽을 열고 난 다음에는 에오스의 오빠 헬리오스가 나섭니다.

"이랴, 이랴!"

헬리오스는 에오스의 뒤를 이어 태양 마차에 올라 동쪽 궁전을 출발합니다. 말 네 마리가 불길을 뿜으며 끄는 마차는 하늘을 가로질러 서쪽 궁전으로 갑니다. 마침내 헬리오스가 서쪽 궁전에 도착하면 날이 저뭅니다.

헬리오스의 일이 끝나면 달의 여신 셀레네가 하늘을 맡습니다. 셀레네는 밤하늘을 지키면서 어두워진 밤길을 비추었습니다. 이렇게 에오스와 헬리오스, 셀레네 세 남매는 사이좋게 일했습니다.

셀레네의 사랑

〈셀레네와 엔디미온〉 제롬 마르탱 랑글루아

달의 여신 셀레네는 두 마리 말이 끄는 은수레를 타고 하늘을 가로지르는 젊고 아름다운 여인으로 그려져요. 셀레네는 잘생긴 목동 엔디미온을 사랑한 것으로도 유명해요. 엔디미온이 잠든 모습에 반한 셀레네는 제우스에게 부탁해서 엔디미온을 영원한 잠에 빠지게 했답니다. 잠든 엔디미온에게 다가가는 셀레네의 모습은 아름다우면서도 어쩐지 잔인해 보여요.

세 남매 중 인간과 가장 친한 건 셀레네였습니다. 그래서 셀레네는 이따금 집에 돌아가는 것을 잊고, 헬리오스가 일을 시작한 뒤에도 인간들과 어울려 놀았지요. 이런 날에는 하늘에 해와 달이 둘 다 떠 있었습니다.

에오스는 자신의 일을 사랑했습니다. 그래서 늘 미소 띤 얼굴로 즐겁게 일했습니다.

또한 에오스는 사냥과 활쏘기의 명수인 아르테미스와 사이가 좋았습니다. 둘은 비밀이 없을 만큼 친했지요.

2
아프로디테의 저주

아프로디테는 에오스에게 아레스를 빼앗겼다는 사실을 알고
약이 올라 견딜 수 없었습니다.
"아레스! 당신이 날 배신해? 에오스, 내가 너를 가만두나 봐라."

에오스는 세상에 활기를 불어넣는 일을 하는 신답게 상냥하고 친절했습니다. 말을 할 때도 나긋나긋 정답게 말했으며, 가슴에는 사랑이 가득했습니다. 그래서인지 어떤 신도 에오스 앞에서는 저도 모르는 사이에 온순해졌습니다. 화가 나서 씩씩대던 신들도 에오스만 보면 슬그머니 화가 풀렸습니다.

어느 날 전쟁의 신 아레스가 에오스에게 반했습니다. 성미가

거칠고 괴팍한 아레스도 에오스 앞에서는 부드러워졌습니다.

그 모습을 못마땅한 눈으로 바라보는 신이 있었습니다. 바로 아레스와 사랑한 적이 있는 아프로디테였습니다. 아프로디테는 사랑과 아름다움의 여신이지만 때로는 쌀쌀맞고 제멋대로였습니다.

아레스가 에오스를 졸졸 쫓아다니자, 에오스도 아레스에게 차츰 마음이 기울었습니다.

아레스와 아테나

두 신 모두 전쟁의 신으로 알려져 있어요. 그런데 아테나는 전쟁에서 지혜롭게 이기는 방법과 피해를 최대한 줄이는 방법에 관여해요. 그리고 아레스는 잔인한 전투와 파괴를 일으키는 신이지요. 그래서 아테나는 사람들이 숭배하고 신들 사이에서도 인기가 있었지만, 아레스는 그렇지 못했답니다.

'아, 이러면 안 되는데……. 아프로디테가 알면 가만있지 않을 텐데.'

에오스는 그런 생각이 들자 흠칫했습니다. 아레스와 사귄다면 아프로디테가 못살게 굴 것 같아 두려웠습니다.

하지만 아레스를 생각하는 시간은 자꾸 늘어났습니다.

아레스가 에오스에게 사랑을 고백하자 에오스는 그 마음을 받아 주었습니다. 에오스와 아레스는 정답게 거닐고, 맛있는 음식을 나누어 먹었습니다. 둘이 함께 있는 곳에서 즐거운 웃음소리가 울려 퍼졌습니다.

올림포스의 신들도 두 신이 서로 사랑하는 것을 알게 되었습니다. 그리고 이 사실을 아프로디테도 알게 되었습니다.

아프로디테는 남편인 헤파이스토스의 눈을 피해 아레스를 만난 적이 있었습니다. 난폭한 전쟁의 신 아레스를 자기 편으로 만들었다는 자부심이 아프로디테를 기분 좋게 했습니다. 아프로디테는 아레스가 자기만 사랑한다고 굳게 믿고 있었습니다.

그런데 새벽의 여신 에오스에게 아레스를 빼앗겼다는 사실을 알고 약이 올라 견딜 수 없었습니다.

"아레스! 당신이 감히 날 배신해? 에오스, 내가 너를 가만두나 봐라."

아프로디테의 눈에서 질투의 불길이 활활 타올랐습니다. 아프로디테는 둘을 어떻게 갈라놓을지 궁리했습니다.

'옳지! 좋은 생각이 떠올랐다.'

아프로디테는 뜻 모를 미소를 지었습니다.

아프로디테와 아레스

아프로디테는 올림포스 신들 중에서 가장 못생긴 헤파이스토스의 아내예요. 제우스는 티탄 족과 싸울 때 큰 공을 세우는 신을 아프로디테와 결혼시키겠다고 약속했어요. 무엇이든 뚝딱 만드는 재주를 가진 헤파이스토스가 번개를 만들어 전쟁에서 이길 수 있었지요. 제우스는 약속대로 헤파이스토스와 아프로디테를 맺어 주었어요. 하지만 아프로디테는 그 뒤에도 다른 신들과 사랑에 빠지곤 했는데, 아레스는 그들 중 하나였어요. 아레스는 아프로디테가 아도니스와 사랑에 빠지자 질투 때문에 멧돼지로 변해 아도니스를 죽이기도 했어요.

아프로디테는 곧 에오스를 찾아갔습니다. 가냘프고 순진한 에오스는 성난 아프로디테를 보자 두려움에 벌벌 떨었습니다.

"에오스, 네가 감히 사랑의 여신인 나를 *모독하다니! 참을 수 없어."

"무슨 말인가요?"

"이런 앙큼한 것! 네가 아레스와 사랑하는 사이라고? 너에게

*모독하다 말이나 행동으로 기분 나쁘고, 욕되게 하다.

저주를 내릴 거야. 이제부터 너는 인간을 사랑하게 될 것이다."

아프로디테는 에오스가 말할 틈도 주지 않고 저주를 퍼붓고는 사라졌습니다.

'아프로디테가 한 말이 무슨 뜻일까?'

에오스는 그저 *어안이 벙벙했습니다.

'인간을 사랑하게 될 거라고? 갑자기 어떻게 인간을 사랑한담? 그럴 리 없어. 화가 나서 아무 말이나 한 것이겠지.'

에오스는 애써 마음을 가라앉혔습니다.

***어안이 벙벙하다** 뜻밖에 놀랍거나 기막힌 일을 당하여 어리둥절하다.

그런데 이상한 일이 벌어졌습니다. 에오스의 마음속에서 언제 그랬냐는 듯이 아레스에 대한 사랑이 사라졌습니다. 그러고는 아침 일찍 일을 하러 나설 때마다 인간 세상을 내려다보며 두리번거리게 되었습니다.

'내가 왜 이러는 것일까?'

에오스는 마음이 조마조마했습니다.

3
인간과 사랑에 빠진 에오스

에오스는 저도 모르게 손길을 멈추고

남자의 모습만 바라보았습니다.

'정말 멋진 사람이구나. 저 사람과 함께 살고 싶어.'

어느 날, 에오스가 어둠을 걷기 위해 마차를 타고 하늘을 날고 있었습니다.

어둠이 완전히 걷히지 않은 인간 세상은 아직 어두컴컴했습니다. 사람들은 아직 꿈속을 헤매고, 짐승들도 보금자리에 웅크리고 있었습니다. 세상은 고요했습니다.

그때 도란도란 말소리가 들려왔습니다.

'이 시간에 누구지? 님프가 깨어났나?'

에오스는 수풀 속을 내려다보았습니다. 제우스가 님프와 산책을 하는 것이 보였습니다.

'아이, 이를 어쩐다? 제우스 님이 또 사랑에 빠졌나 봐. 정말 못 말려. 곧 날이 밝으면 헤라 님 눈에 띌지도 모르는데. 헤라 님이 알면 정말 난리가 날 거야…….'

그때였습니다.

"제우스! 어디 있어요?"

어디선가 카랑카랑한 헤라의 목소리가 들려왔습니다.

"제우스, 당장 나타나지 못해요? 이 시간에 도대체 어디에 있는 거지?"

올림포스에서 제우스를 찾지 못한 헤라가 인간 세상으로 내려온 것이었습니다.

에오스는 제우스가 헤라에게 들키면 어떤 일이 벌어질지 상상했습니다. 헤라가 기분이 좋지 않을 때면 올림포스에는 싸늘한 기운이 감돌았습니다.

에오스는 어둠을 걷는 손길을 늦추었습니다. 그러자 헤라는 어둠 속에 숨은 제우스와 님프를 못 보고 지나갔습니다.

제우스는 *안도의 한숨을 내쉬고는 님프에게 속삭였습니다.

"새벽의 여신 에오스가 우릴 도왔소."

*안도 어떤 일이 잘 진행되어 마음을 놓음.

그렇게 며칠이 흘렀습니다.

에오스는 다른 날과 마찬가지로 일찌감치 나와서 새벽을 열고 있었습니다. 그러다가 에오스의 눈길이 한곳에 멈추었습니다.

'아, 저렇게 아름다운 인간이 있다니…….'

트로이의 궁궐에 한 젊은이가 난간에 기대어 밖을 내다보고 있었습니다. 키가 훤칠하고 우아한 남자였습니다.

에오스는 저도 모르게 손길을 멈추고 남자의 모습만 바라보았습니다.

'정말 멋진 사람이구나. 저 사람과 함께 살고 싶어.'

티토노스에게 반한 에오스

〈에오스와 티토노스〉 작가 미상

기원전 5세기에 만들어진 도자기예요. 에오스와 티토노스의 모습이 그려져 있어요. 날개를 단 에오스가 티토노스를 쫓아가고 있고, 티토노스는 놀라 달아나고 있어요. 이 그림만 보면 둘 다 첫눈에 반한 것은 아니었나 봐요.

이튿날 에오스는 서둘러 마차에 올랐습니다. 어둠을 빠르게 걷어 내며 트로이 궁전 가까이 갔습니다. 에오스는 오늘도 그 젊은이가 나와 있기를 간절히 바랐습니다. 다행히 남자는 오늘도 난간에 서서 밖을 내다보고 있었습니다. 에오스는 그 모습을 보는 순간, 가슴이 뛰고 얼굴이 빨개졌습니다. 그날 새벽하늘은 유난히도 붉게 물들었습니다. 에오스는 장밋빛 손가락을 들어 그에게 마법을 걸었습니다. 그 순간 남자의 몸이 깃털처럼 떠오르더니 어느새 에오스의 마차에 들어와 앉았습니다.

"아앗! 이게 어떻게 된 일이지? 당신은 에오스 님이 아닌가요?"

에오스는 어리둥절해 하는 남자를 데리고 신전으로 돌아왔습니다. 인간은 올림포스에 들어올 수 없다는 규칙은 까맣게 잊은 채였습니다.

남자는 올림포스에 오게 된 것을 기뻐했습니다.

“저는 트로이의 왕자 티토노스입니다. 인간 세상에서 하찮게 살다가 언젠가는 죽어야 한다는 것이 영 못마땅했지요.”

티토노스는 에오스에게 한눈에 반했습니다.

하지만 에오스는 뒤늦게 걱정이 되었습니다.

‘아, 이를 어쩌지? 제우스 님이 아시면 큰일 날 텐데.’

4
죽지 않는 목숨

"저, 사실은 인간을 사랑하게 되었답니다.
그 사람을 올림포스에 머물게 해 주세요."
"뭐라고? 그건 안 돼."

때 마침 아르테미스가 에오스를 찾아왔습니다. 아르테미스는 무슨 일이 일어났음을 곧바로 알아차렸습니다.

"에오스, 너 무슨 일 있지?"

"아르테미스, 이를 어쩌지?"

에오스는 아르테미스에게 고민을 털어놓았습니다.

"뭐라고? 너 어쩌려고 그래? 당장 그 남자를 땅으로 데려다 놓아!"

"아르테미스, 나는 저 남자를 돌려보낼 수 없어. 절대로 헤어지고 싶지 않아."

얼굴이 빨개진 에오스가 안절부절 못하며 이렇게 말했습니다.

"에오스! 너, 정말 큰일 났구나."

아르테미스는 걱정스러운 눈빛으로 에오스를 바라보았습니다.

이때 티토노스가 방에서 나왔습니다.

"아르테미스 여신님, 저도 에오스 님과 헤어질 수 없답니다. 저희가 함께 지낼 수 있도록 도와주십시오."

아르테미스는 딱하다는 듯 에오스와 티토노스를 번갈아 바라보았습니다.

"그렇다면 제우스 님에게 찾아가 사정해 보는 수밖에 없지."

"제우스 님이 우리 둘이 함께 지내는 걸 허락할까?"

에오스는 걱정이 가득 담긴 목소리로 물었습니다.

"지난번에 네가 제우스 님이 님프와 함께 있는 것을 헤라 님이 보지 못하도록 숨겨 주었다고 했지?"

"응."

"그러면 제우스 님은 너에게 빚이 있다고 할 수 있으니까 가서 사정해 봐."

비로소 에오스의 얼굴이 환해졌습니다. 에오스는 곧장 제우스에게 달려갔습니다.

"제우스 님, 소원이 있습니다."

"그래, 네 소원이라면 뭐든 들어줘야지."

제우스는 미소를 띠며 친절하게 말했습니다.

"정말요? 저, 사실은 인간을 사랑하게 되었답니다. 그 사람을 올림포스에 머물게 해 주세요."

"뭐라고? 그건 안 돼. 인간은 올림포스에 들어올 수 없다는 걸 너도 잘 알잖니."

"하지만 제우스 님. 저는 그 사람 없이는 살 수 없어요. 제우스 님도 제 마음을 아실 거예요."

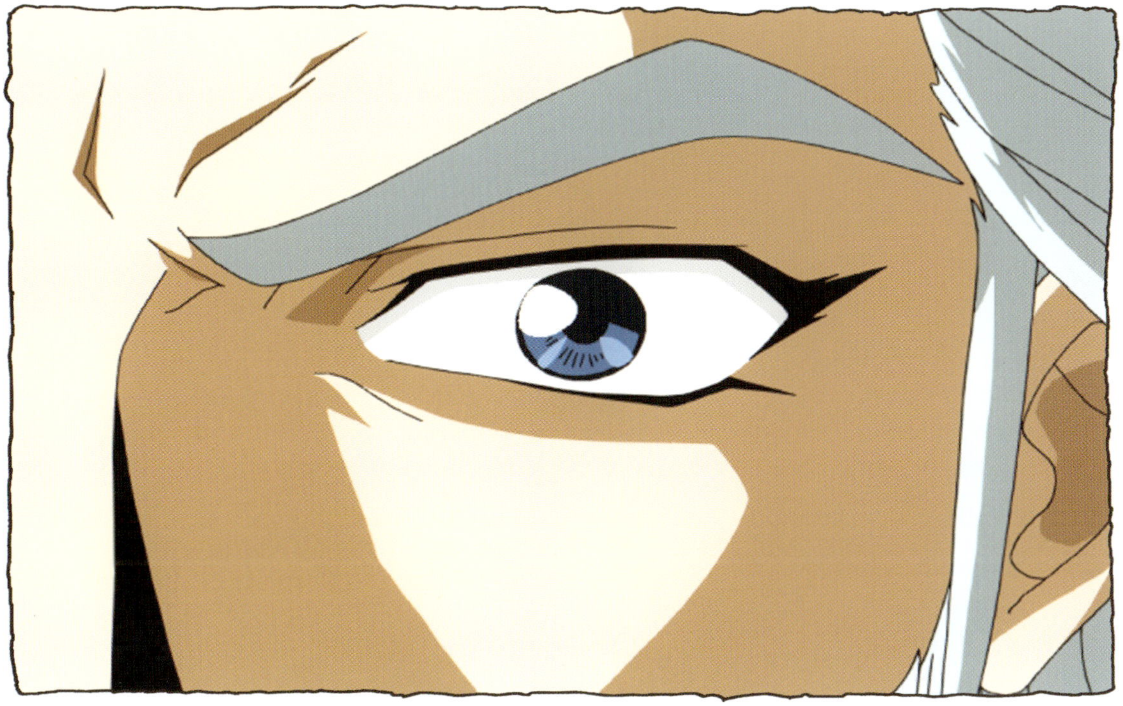

제우스는 어찌해야 할지 고민에 빠졌습니다. 조용하고 수줍음이 많은 착한 에오스가 사랑에 빠졌다는데, 도와주고 싶은 마음도 있었습니다.

"제우스 님, 제우스 님도 제 도움을 받은 적이 있잖아요. 처음이자 마지막 부탁이에요. 제발 들어주세요."

에오스가 두 손을 모아 간절히 말했습니다.

제우스는 난처하다는 표정으로 말했습니다.

"나도 네 부탁을 들어주고 싶구나. 하지만 나 혼자 힘만으로는 안 된단다."

"그럼 누구의 도움이 필요한가요?"

"운명의 여신 모이라이 자매의 도움이 필요하지."

에오스는 한숨을 내쉬었습니다. 모이라이 세 자매는 올림포스의 다른 신들도 두려워하는 여신들이었습니다.

하지만 에오스는 마음을 굳게 먹었습니다.

에오스는 숲 속의 모이라이 자매를 찾아갔습니다. 세 여신은 운명의 실을 가지고 저마다 열심히 일을 하고 있었습니다.

에오스는 무서움을 꾹 참고 말했습니다.

"모이라이 님, 제우스 님의 허락을 받고 찾아왔어요. 제가 사랑하는 남자의 운명을 바꿔 주세요. 그가 죽지 않고 영원히 살 수 있도록 도와주세요."

에오스가 간절히 부탁하자, 모이라이 세 자매는 함께 의논을 했습니다.

“에오스가 가여운데 소원을 들어줄까?”

“무슨 소리야. 인간에게 어떻게 영원한 생명을 준단 말이야?”

“그래도 에오스가 불쌍하잖아. 게다가 제우스 님도 허락했다 하고…….”

에오스는 *옥신각신하는 세 여신의 모습에 더욱 마음이 초조해졌습니다.

*옥신각신 서로 옳으니 그르니 하여 다툼.

그렇게 한참이 지났습니다. 애가 탄 에오스는 애처로운 목소리로 다시 부탁했습니다.

"모이라이 님, 제가 사랑하는 티토노스를 올림포스에 머물게 도와주세요."

잠시 후, 한 모이라이가 말했습니다.

"그래. 우리 자매들은 네가 사랑하는 티토노스에게 영원한 생명을 주기로 했다."

"정말요? 고맙습니다."

에오스는 당장 티토노스에게 달려갔습니다.

"티토노스, 드디어 당신이 영원한 생명을 얻었어요. 이제 나와 함께 여기서 영원히 살 수 있어요."

에오스와 티토노스는 매우 기뻐서 어쩔 줄 몰랐습니다.

그 뒤로 에오스와 티토노스는 하루하루가 달콤한 꿈만 같았습니다. 둘이서 영원히 함께 산다는 생각에 푹 빠져, 다른 신들과는 어울릴 생각도 하지 못했습니다. 둘이 함께 있으면 그 어떤 것도 필요하지 않았습니다.

에오스는 아침 일찍 일을 마치면 티토노스와 마차를 타고 하늘을 날아다녔습니다. 자신들의 행복이 언제까지나 이어질 거라고 생각했습니다.

5
늙어 가는 티토노스

놀란 에오스는 티토노스의 얼굴을 들여다보았습니다.

"어머나! 어느새 얼굴에

주름살이 이렇게 많이 생겼지!"

그렇게 세월이 흘러갔습니다.
에오스가 여느 때처럼 새벽을 열고 신전으로 돌아온 어느 날이었습니다. 그런데 신전 앞에서 늘 기다리던 티토노스가 보이지 않았습니다. 에오스는 이상하게 생각하며 안으로 들어갔습니다.

티토노스는 아직도 침대에 누워 있었습니다.

"티토노스, 일어나요. 헬리오스 오빠의 마차가 창 앞을 지나간 게 언제인데 아직도 자는 거예요?"

"으으음……."

티토노스는 돌아눕더니 또다시 잠에 빠져들었습니다.

"아니? 이게 뭐야?"

티토노스를 흔들어 깨우던 에오스는 티토노스의 머리에서 흰 머리카락들을 발견했습니다. 놀란 에오스는 티토노스의 얼굴을 들여다보았습니다.

"어머나! 어느새 얼굴에 주름살이 이렇게 많이 생겼지!"

에오스가 외치는 소리에 티토노스도 깨어났습니다.

“티토노스, 이를 어쩌지요? 당신이 늙고 있어요.”

에오스는 눈물을 흘렸습니다.

“나는 인간이잖소. 그러니 늙을 수도 있지요.”

“당신은 영원한 생명을 얻었어요. 그런데 죽지 않고 늙기만 한다고 생각해 봐요.”

그제야 티토노스도 몸을 떨었습니다.

“영원한 생명과 함께 젊음도 그대로 유지해 달라고 말했어야 했는데…….”

“제우스 님에게 한 번 더 사정해 보는 것이 어떻겠소?”

에오스는 곧바로 제우스에게 달려 갔습니다.

"제우스 님, 한 번만 더 소원을 들어주세요. 티토노스가 늙고 있어요. 영원한 생명과 함께 젊음을 그대로 갖게 해 주세요."

"안 돼. 그런 부탁은 이제 들어줄 수 없다."

제우스가 엄하게 말했습니다.

에오스는 눈물을 머금고 돌아올 수밖에 없었습니다.

"제우스 님이 절대로 안 된다는군요."

에오스는 털썩 주저앉았습니다. 그제야 아프로디테의 저주가 무슨 뜻인지 깨달았습니다.

"아, 큰일이구려. 영원히 죽지 않고 늙어만 간다면 나는 어떻게 될까?"

티토노스도 두려움에 몸을 떨었습니다. 티토노스는 자신이 본 인간들 중에 가장 늙은 노인을 상상해 보았습니다.

에오스의 눈에서 눈물이 흘러내렸습니다. 죽지 않고 영원히 늙어 갈 티토노스를 그저 바라만 봐야 한다니, 더없이 안타까웠습니다.

OLYMPUS GUARDIAN 신화 뒷이야기

그 어떤 신보다 상냥하고 사랑스러운 새벽의 여신 에오스가 아프로디테의 미움을 사서 인간을 사랑하게 되는 저주를 받습니다. 인간 남자 티토노스를 사랑하게 된 에오스는 자신이 사랑하는 사람이 언젠가는 죽을 것이라는 사실을 안타깝게 여깁니다. 그래서 신들에게 애원해 티토노스가 영원한 생명을 얻도록 합니다. 그러고 나서 자신들의 행복이 영원히 지속될 거라고 기뻐합니다.

그러나 에오스는 인간은 영원히 살지 못할 뿐만 아니라 늙어 가는 존재라는 것은 생각하지 못했습니다. 티토노스는 죽지 않는 대신 영원히 늙어 가야 했습니다.

인간은 누구나 죽음을 두려워합니다. 사실, 권력을 거머쥐었던 역사 속의 많은 사람들이 죽지 않으려고 엄청난 노력을 하기도 했습니다. 하지만 죽음을 피한 사람은 단 한 사람도 없었지요.

이 이야기는 인간이 죽는다는 것이 자연스러운 일이라고 말하는 것 같습니다.

그러므로 늙는다는 것도 피할 수 없는 일이지요. 계속 늙어 간다는 사실은 두려움을 불러일으킵니다. 활발하게 움직이고 열렬히 사랑하고 싶은 마음은 그대로인데, 몸은 점점 쇠약해질 테니 말입니다. 인생이 아름다운 것은, 끝이 있음을 알고 하루하루를 소중히 여기며 살아야 하기 때문이 아닐까요?

또 이 이야기를 통해 제우스, 모이라이, 에오스와 같이 인간의 한계를 뛰어넘는 신이라 할지라도, 다른 사람의 운명을 온전히 책임지지는 못한다는 것도 알 수 있습니다.

올림포스 신들의 계보

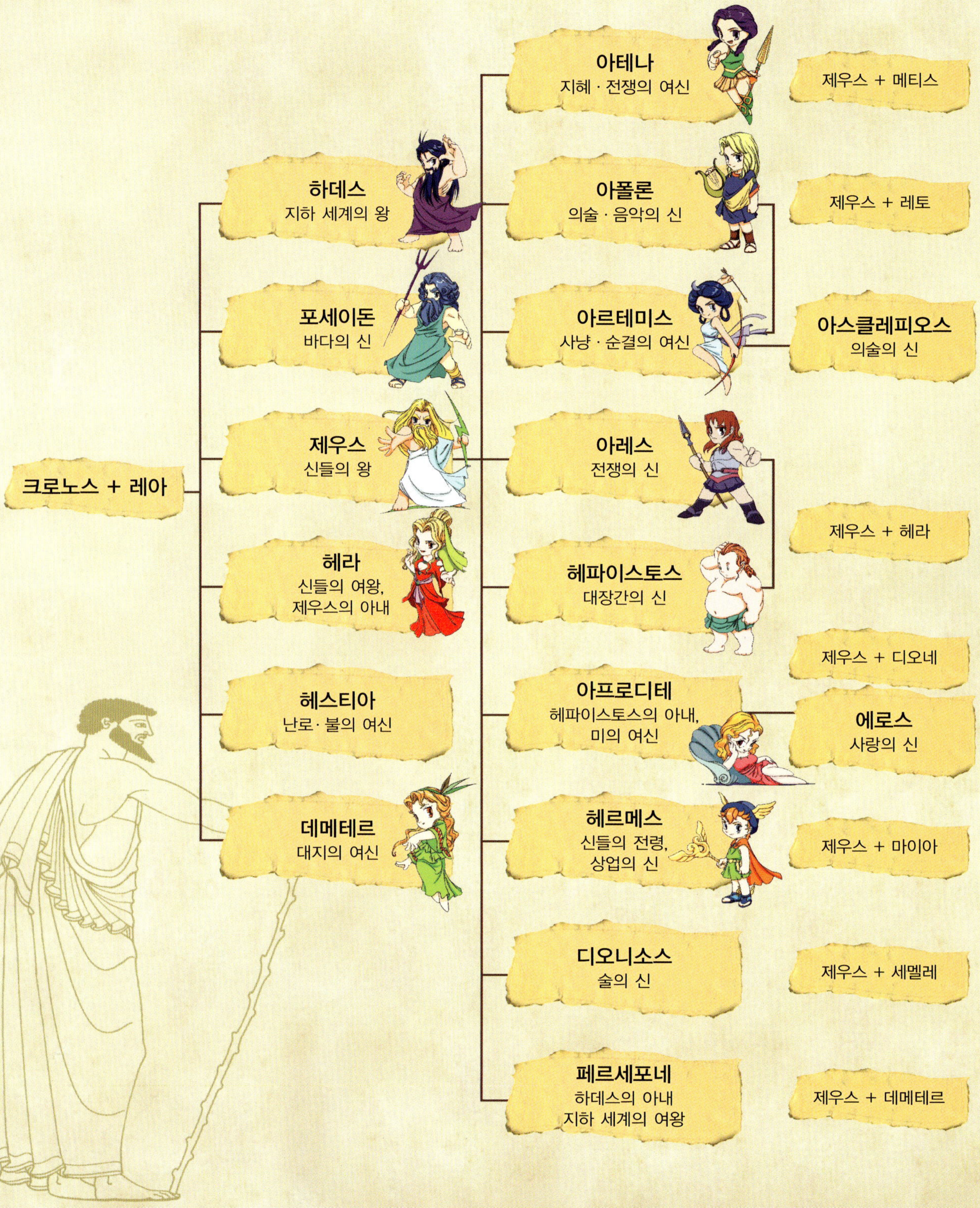

크로노스 + 레아
하데스
지하 세계의 왕
포세이돈
바다의 신
제우스
신들의 왕
헤라
신들의 여왕,
제우스의 아내
헤스티아
난로 · 불의 여신
데메테르
대지의 여신
아테나
지혜 · 전쟁의 여신
제우스 + 메티스
아폴론
의술 · 음악의 신
제우스 + 레토
아르테미스
사냥 · 순결의 여신
아스클레피오스
의술의 신
아레스
전쟁의 신
제우스 + 헤라
헤파이스토스
대장간의 신
제우스 + 디오네
아프로디테
헤파이스토스의 아내,
미의 여신
에로스
사랑의 신
헤르메스
신들의 전령,
상업의 신
제우스 + 마이아
디오니소스
술의 신
제우스 + 세멜레
페르세포네
하데스의 아내
지하 세계의 여왕
제우스 + 데메테르

⚜ 그리스 로마 신화 주요 인물의 이름 ⚜

그리스 어	로마 어	영어
가이아	텔루스	
니케	빅토리아	나이키, 빅토리
데메테르	케레스	세레스
디오니소스	바쿠스	바커스
레아	키벨레	시벨레
아레스	마르스	마스
아르테미스	디아나	다이애나
아테나	아테네, 미네르바	
아폴론	아폴로	아폴로
아프로디테	베누스	비너스
에로스	쿠피드, 아모르	큐피드
오디세우스	울릭세스	율리시스
우라노스	카일루스	유러너스
제우스	유피테르	주피터
크로노스	사투르누스	새턴
페르세포네	프로세르피나	
포세이돈	넵투누스	넵튠
하데스	플루톤	플루토
헤라	유노	주노
헤라클레스	헤르쿨레스	허큘리스
헤르메스	메르쿠리우스	머큐리
헤스티아	베스타	
헤파이스토스	불카누스	벌컨

그리스 로마 신화 올림포스 가디언 43

티토노스 왕자를 사랑한 에오스

펴낸이 양원석
펴낸곳 (주)알에이치코리아
등록 2004년 1월 15일 제2-3726호
주소 서울특별시 금천구 가산디지털2로 53, 20층 (한라시그마밸리)
문의전화 02)6443-8800

ISBN 978-89-255-4405-2(74800)
ISBN 978-89-255-4354-3(세트)

값 **12,800원**

원작 만화로 보는 그리스 로마 신화(가나출판사)
이광진 엮음, 홍은영 그림
명화 구입처 유로크레온(주)

※잘못된 책은 구입하신 곳에서 바꾸어 드립니다.
※책 모서리가 날카로워 다칠 수 있으니 사람을 향해 던지거나 떨어뜨리지 마십시오.